Alcohol

Joni Järvi-Laturi

Kustantaja: BoD · Books on Demand, Mannerheimintie 12 B, 00100 Helsinki, bod@bod.fi

Kirjapaino: Libri Plureos GmbH, Friedensallee 273, 22763 Hampuri, Saksa

ISBN: 978-952-80-9508-8

Sisällysluettelo

I

Goodnight Alcohol

Tampere kuohuu taas!

Ihmisiä on Keskustan kaduilla ainakin 100 000!

Puutarhakadulla ennen Metson kirjastoa ihmisiä juhlii ja tanssii katujen ja kujien rotvalleilla satoja.

Monilla on naamiot, naamiaisasut ja monilla on maalatut kasvot, valkoiset, mustat ja punaiset ja oranssit.

Naiset tanssivat kiihottavasti. Mukana on hillittyjä, esimerkillisiä poliitikkoja ja lääkäreitä, jotka antautuvat villiin ja riemukkaaseen seksuaalisten lanteidensa porisevan padan kiehuntaan.

Aina kun saapuu uudelle kadulle, ihmisiä hyökkää esiin!

Ihmiset liikkuvat mihin vaan ja miten vaan, en ole ennen nähnyt Tamperetta tällaisena.

Miehiä rummuttaa rumpuja, miehet soittavat radiosta valtavalla volyymillä rock n' roll-lauluja.

Pian alkaa ilotulitukset. Ajattele! Kesällä kymmenen minuutin mittainen koko Keskustan kattava suuri ilotulitusfiesta.

Ihmisiä lentää mekaanisilla lohikäärmeillä parvekkeelta parvekkeelle, polttaen samalla marihuanasätkää tai juoden kaljaa.

Miehet naivat naisessa naisen maskuliinisuutta, naiset naivat miehessä miehen feminiinisyyttä. On loputtomia tapoja rakastella.

Luontoruno

Palaneen puun haju
nousee maan syvyyksistä
korven syrjästä
suomalaisin haju.

Eskimolaisin,
Venäläisin,
Alaskalaisin.

Sen hengittäminen,
hengittää mustavalkoista
ikivanhaa Suomi-filmiä.

Mustan maan arkistot,
tyhjät huoneet.

Puuhökkeli,
keskellä talvista metsää.

Ruoanlaittoa
keskellä ei-mitään.

Sinuhe

Viidakko ei ole betoniviidakko.
Se on lehtien, puiden, soiden, ruohon ja liaanien sisältämä paikka.
Kaupunki.
Metsäinen kaupunki.
Siinä on onkaloita ja sen vierellä soudetaan.
Osiin.

Holvit ovat salaisuuksia varten.
Niissä luodaan uskonto, mytologia.
Ihmiskunnan mutkat.
Varjoissa.

Näiden kahden välillä on meret, joet.
Ja satamat.
Joihin matkataan ja joista matkataan pois.
Ja merellä laivat ovat täynnä tarinoita.
Oluen virtaava, kuohuva voima.

Ikkuna

Miten monta nuorta naista
katsoo huoneensa ikkunasta ulos.

Yksinäinen, kulunut, valkoinen, runollinen, ahdas, pieni ikkuna.

Sieltä näkee vastapäiseen päiväsairaalaan.

Jossakin on oltava kipujen hautausmaa.

Siellä kivut muuttuvat akvarelleiksi, väreiksi, niin kauniiksi.

Ne ovat jo siellä. Surujen kauneudessa.

Kaukana festareista.

Surujen junassa.

Sun pitää vain päästä niistä kauas.

Keltainen talo

I

Siellä me oltiin, 2010-luvulla.

Siellä oli tapahtumia, puheita.

Muistan keltaiset lehdet pihalla.

Siellä oli monta ovea ja monta pihaa.

Niissä huoneissa kävi viikoittain satoja ihmisiä.

Ihmisiä istui etuoven portailla ja he tupakoivat.

Se tuntui illuusiolta.

Kaikki olivat nuoria.

Kesät olivat kesiä.

Melkein pääsin kommuuniin asumaan.

II

Sitten se purettiin.

Ei ollut enää yhteisöä.

Kaikki lähtivät pois näyttämöltä.

Jotkut kuolivat.

Ei olla pidetty yhteyttä.

Varikset söivät oravan raadon kun ihmiset olivat lähteneet menemään.

II

Goodnight Alcohol, osa 2

Pieninkin muisto on rakas. Vuoteen 2011 oli jäänyt unohdetuin tajunnan kudos,
kuin nuoren hipin kymmenen vuotta vanhojen farkkujen taskussa majaileva
kuitti jostain klubi-illasta. Ja sekin muisto on ihmeellinen, elävä, tärkeä, suuri,
liian suuri sekin, ollakseen ajan tuhoama sillä joku tai jokin sen aina muistaa, tai
sitten toistaa tulevaisuudessa, jonkun toisen nuoren hipin toimesta.

Kävin tänä vuonna 2023 tuossa kahdentoista vuoden takaisessa maailmassa.
Päiväsairaalan levyraatiryhmä. Muistin sen psykedeelisen biisin joka oli
unohtunut mielestäni pitkäksi aikaa. Nuoret tosiaan ovat kauneuden edessä,
heillä on kauneuden tajua, uusin kauneuden tunne, jonka vanhat ja viisaat ovat
unohtaneet, ainakin hiukan, tai sitten eivät jaksa enää kokea sitä, tyytyen
haikean kauniisiin muisteluihin.
Bilettävä Tampere. Kudos joka muistuttaa mustaa perhettä, täynnä pienempiä,
miniskuuleja osia, ja suurempia, mahtavampia osia.

Bilettävä Helsinki. Reggaebaari, jossa kävimme, joskus vuonna 2007. Olimme
erittäin sisällä. Sitä baaria. Tilasimme mansikkamargaritat. Luulin silloin etten
elä. Että olen sulkeutunut. Mutta tuokin muisto tuntuu niin elävältä ja
ihmeelliseltä ja upealta.

Tampereen yo-talo. Näen sen klubin pienempänä. Kuten ihminen, jolla on
kuume, näkee seinän pienenä. Pienet muurahaiset kulkevat pitkin tamperelaista
Keskustaa ja syrjäseutuja. Yö. Kusiputki. Taksi. Yöbussi. Pysäkki. Sitten
huudetaan yöhön. Hulluna. Villinä. Koetaan hulluuden kautta yhteenkuuluvuutta
koko maailmankaikkeuden kanssa.

Taskussa universumi. Farkun taskussa. Täällä on oltu. Ylhäällä iso
avaruustaivas. Olla niin mitättömän pieni. Alla suuren mysteerin. Pieni
universumi. Universumi pienessä. Lompakossa psykedelia. Lähdöt ja
menemiset.

Miten kuvailisin psykedeliaa? Tässä psykedeliassa nuoret maalaavat joka
myöhäisillan tähtitaivasta. Arjen vastakohta. Pimeä aika. Loppumattomat
mustan illan kulmat. Keikalla. Tuhansia keikkoja, baari-Iltoja. Traagisen kaunis
nuori hulluus ja haavoittuvuus. Käpertymisen vastakohta. Elävyys.

Päätin tehdä suunnitelman. Palaisin vuonna 2024 kaikkiin niihin baareihin,
klubeihin ja yökerhoihin missä kävin vuoteen 2014 asti jolloin aloin elämään
hitaampaa, tasaisempaa elämää.

Yo-talo tuntui uudelta. Kymmenen vuoden tauko unohtui ja hetkeksi olin taas elämän jännittävyydessä kiinni. Minua kiinnosti palata samoihin tiloihin ja tunsin raikkautta.

Laulu rakastumisesta

Olin lapsi kun olit nuori aikuinen,
jos tapaan sinut,
pelästynkö elämäni suurinta voimaa?

Tämä on se miksi elämme,
elämämme kiintopiste,
on vain niin hyvä olla,
olimme sittenkin uskomattomia.

Jos sinua ei ole huimannut,
jos silmäsi eivät ole hymyilleet,
et ole ikinä ollut, ikinä ollut rakastunut,

Jos sinua ei ole huimannut,
jos silmäsi eivät ole hymyilleet,
et ole ikinä ollut, ikinä ollut rakastunut.

Kaikki on meidän puolellamme,
kaikki on turvallista,
kävelemme punaisia päin,
poliisit kumartavat syvään.

Hirveä polte, hehkuva sisin tulinen,
hengitän syvään, koko keho tärisee.

Jos sinua ei ole huimannut,
jos silmäsi eivät ole hymyilleet,
et ole ikinä ollut, ikinä ollut rakastunut.

Jos sinua ei ole huimannut,
jos silmäsi eivät ole hymyilleet,
et ole ikinä ollut, ikinä ollut rakastunut.

Jos sinua ei ole huimannut,
jos silmäsi eivät ole hymyilleet,
et ole ikinä ollut, ikinä ollut rakastunut.

Niille pojille jotka eivät myöhemmin saaneet naista

Katsoit minua päin, hymähdit,
huomasin surusi,
olit niin kaukana.

Ei me oltu kovin rohkeita armeijassa,
me oltiin jossain muualla.

Ala-asteella oli poika,
se itki jossain,
siellä oli jokin yhteisprojekti,
se oli ekaluokkalainen
ja mä vitosluokkalainen.

Haluan nyt surra,
olen nähnyt niin paljon surua.

Ei meillä ollut edes mahdollisuuksia siihen koskaan.

Ehkä me oltiin
juoksuhaudassa aina,
saamatta oikein mitään,
ei meistä oikein kukaan välittänyt.

Mutta äitimme aina välitti meistä,
petasi petimme.

Vieläkin meistä välittää meidän äidit.

Ehkä tässä on kiva taas
mennä johonkin paikkaan, joskus, vaikka yksin.

Turvallisuuden kolme ulottuvuutta

Tämä on turvallinen paikka.
Käy lämpimässä suihkussa.
Mennään sitten kaupungille.
Shoppailemaan.
Kierretään kaupunkia.
Auringossa.

Intiaaneista tulee ensimmäisenä mieleen tiipiit.
Kesäinen iglu.
Miten korkea se oli?
Kuusi metriä?
Polttivatko he pilveä niissä?

Eedenin vesilähteellä odotamme aurinkoa.
Se polttaa meitä.
Muut heräävät vasta.
Aavikon jälkeen tulee Beverly Hillsin kultainen ilma.

Jäähalli

40 vuotta pelasimme jääkiekkoa.

Aamuisin jäähalli oli hiljainen, katsomo tyhjä.
Rakastin jokaista 20 000 penkkiä siellä.
Pelasimme kaksi tuntia aamuisin.
Iltaisin 20 000 ihmistä huusi ilosta kun pelasimme.
Paikka kuhisi.

Sitten he lähtivät.
Paikka oli taas hiljainen.
Kun muut nukkuivat.
Joimme joskus öisin pimeässä, tyhjässä hallissa.
Ja puhuimme ja poltimme.

Joskus kävimme saunassa päivisin.
Siellä oli paljon huoneita.
Keittiö ja uima-allas.

Meidän yhteytemme on kuin se halli.
Miten rukoilenkaan että se on vielä siellä jossain.

Yksin

Yksin me ollaan kaikki.
Jokainen.
Jokainen yö on pimeä, käytävä.

Vie minut yöllä kahvilaan.
Jutellaan.
Ollaan hetki yösateessa.
Hiljaiset varjot kaduilla.
Valo koristaa pöytäämme.

Syksyn yösateessa.
Katu on märkä.

Bisnesidea.
Rakennetaan paikka, jossa ihmiset eivät mene nukkumaan yksin.
Asumme kaikki siellä.
Joka päivä on uusi, täynnä seikkailuja.

Ennen yötä katsomme elokuvan.
Takka lämmittää jalkoja.
Ulkona sataa.
Mutta me olemme sisällä yhdessä.

III

Teräs

se tuntui kuin olisin ollut messuhallissa,
yleisurheilukisoissa,
siellä jossain, sivussa,
näkymätön katoava osallistuja

poraamista, hiomista,
kavereiden kanssa tehtaassa,
myöhemmin kebabrulla, leffa,
ja sitten taas sama uudestaan ja uudestaan

ja terästehtaassa
pidin aina tauon
tupakalla katsoin laatikoita
ulkopuolella tehtaan
ja kesä tuntui vapaalta

teräs pyöri
ympäri maailman
ihana koneisto
vapauden ja rahan

sisällä ihana haju,
poltettu teräs, neste,
metallipöly, kaaos ja iso halli

ja terästehtaassa
pidin aina tauon
tupakalla katsoin laatikoita
ulkopuolella tehtaan
ja kesä tuntui vapaalta

Nainen

on siis nainen,
kuljen kaunista katua
kuin se olisi kupeittesi kuja

nainen,
haluan tietää
millaisia tunteita
koemme
sinun sisällä

nainen,
kuljen kaunista katua,
haluan syvyyksiisi päästä,
tietää mitä tapahtuu siellä

nainen,
et uskoisi mitä voin sinulle antaa

sinä pyysit tupakkaa,
minä halusin rakastella sielusi syvyyttä
vaikka pyysit vain tupakkaa,
minä halusin rakastella sielusi syvyyttä

on siis nainen,
minua kiinnostaa
kehossasi millaisia on asioita

nainen,
päästä johonkin paikkaan,
lihasi kautta ja unohtaa

nainen,
käyt nopeasti vessassa,
ajattelen sun lihaa.

sinä pyysit tupakkaa,
minä halusin rakastella sielusi syvyyttä,
vaikka pyysit vain tupakkaa,
minä halusin rakastella sielusi syvyyttä

Uni

(2009)

Hotellin ikkunasta näkyi alas,
jotkut kävelivät,
helsinkiläisten vilinä 2009.

Olin korkealla,
paikka kahden paikan välissä.

Amurin betonirakennukset
näkyivät mielessäni,
elettiin mustaa aikakautta,
palaisisin Tampereelle ylihuomenna.

En tiennyt silloin tulevasta,
ei kukaan tiennyt.

Kuin hiljainen huone,
joka johtaa pimeyteen.

Yöllä näin unta Helsingin hotellihuoneessa,
en enää muista mitä.

Oranssi

Jyrki, 1997.

Aurinko on kauneimmillaan.
Koulupäivän jälkeen television ääreen katsomaan palloa.

Olen onnellisimmillaan.
Aurinko kiehuu nuoruudessaan.

Kuin ankka, oranssi koripallo.

Nousemme animoituun vesiliukumäkeen ja laskemme sitä alas.
Kaikkialla on ankkamaista vettä, vettä, vettä.

Internet kiehuu maan alla, valmistava uuteen maailmaan.

Lapsuuden pyörre on kierre, ihana, jonkin sisällä, ennen tulevaisuutta.

Surusta

Poika saapui saattokodin huoneeseen.

Poika sanoi:

"Äiti."

Äiti sanoi:

"Poikani."

Poika sanoi:

"Sä oot kuolemassa."

Äiti sanoi:

"Nyt on vaan minun aika lähteä."

He puhuivat.

Äiti jatkoi:

"Elämä on ollut niin suurta, täynnä hetkiä, kertomuksia."

Poika sanoi:

"Ei mulla oo koskaan ollut ketään. Kohta mä oon ihan yksin, ilman sua. Sä olit mun ainoani."

Poika kysyi:

"Tavataanko me vielä? Onko siellä olemassa jotain?"

Poika itki. Pyyhki kyyneleitään kasvoiltaan.

"Sä olit aina siinä. Lapsesta asti."

"Niin sinäkin," äiti totesi.

Poika piti äitiään kädestä ja sanoi.

"Mä muistan aina ne jutut jotka sä sanoit pelkästään mulle."

Äiti hymyili hellästi.

Poika jatkoi:

"Mä oon täällä. Mä muistan sut. Mä pidä sut sisälläni. Ihanassa, turvallisessa paikassa."

Hetki oli kaunis ja poika itki. Hän halusi heidän rakkauden kestävän ikuisesti.

IV

Matkamuisto

Paras matkamuisto
on pyhä, kärsivä nainen,

joka on päässyt kirkon ylimmälle kupolille,
enkelten joukkoon.

Paskarantu pöntössä,
verta siteessä.

Marttyyrin huivi.

Sehän on koko matkamuiston pointti.

Latvia, 2011,
siellä me oltiin,
toisella puolen,
ilman dokumentointia,
hotellihuoneisiin jäi monta tarinaa.

Jeesus naisena

Hänellä ois kaunis katse,
hänellä ois palo Jumalaan,
hänellä ois intohimo
elämän juhlaan.

Ja hellät kädet,
jotka suojelevat.

Onneain ois löytää
Jeesus naisena
nainen johon turvautua saa.

Onneain ois löytää
Jeesus naisena
nainen jota palvoa mä saan.

Hän haluaisi suunnata
hän kohti unelmiaan
hän tahtoisi kanssani
katsoa elokuvia.

Ja sisällään jotain
mitä vavahduttaa.

Onneain ois löytää
Jeesus naisena
nainen johon turvautua saa.

Onneain ois löytää
Jeesus naisena
nainen jota palvoa mä saan.

Onneain ois löytää
Jeesus naisena
nainen johon turvautua saa.

Onneain ois löytää
Jeesus naisena
nainen jota palvoa mä saan.

Se mitä kaikki kaipaa

Se mitä kaikki kaipaa
on olla aaltojen pehmentämä pieni, sileä kivi.

Se mitä kaikki kaipaa
on silittää sielullaan sitä kiveä.

Se mitä kaikki kaipaa
on ikuinen yhteys jossa huutaa: ”Me olemme nyt tässä!”

Se mitä kaikki kaipaa
on olla kuuma suihku, ikuinen sadevesi joka raikastaa.

Se mitä kaikki kaipaa
on hengittää äärettömyyttä, hyvää oloa, ääretöntä.

Se mitä kaikki kaipaa
on paeta ikuisesti nukkumaanmenoa nuotiotulen filosofoinnin äärellä.

Se mitä kaikki kaipaa
on olla tuli joka lämmittää, olla vain tuli, palaa ja polttaa.

Hauho

Päivä 1
Saavumme mökille,
ruokakiireen euforia iskee,
tsekkaan nuotiopaikan,
se on ollut kymmeniä vuosia sama,
olohuoneessa luen seiskaa kuin huumetta,
kaiverramme taas syvän uurteen siitä että olimme täällä taas, ei-missään.

Päivä 2
Satoi ennen myöhäisillan elokuvaa,
ihana tunnin sade,
elokuva oli uskomaton,
niinkuin se sade,
361 päivän betoniviidakko on hetken muualla.

Päivä 3
Nuotiolla maitopurkit muuttuvat lentäviksi repaleiksi ilmaan,
nuotiolla filosofointi pitäisi tehdä kaikille pakolliseksi aina.

Päivä 4
Joskus haluaisin asua täällä,
herätä aamulla kaislikoiden huminaan,
aamujen täydellisyyttä hipova rauha,
tietokone ja televisio olohuoneessa,
kaukana betoniviidakosta.

BBC

BBC - virallinen laatikko joka salakuljetetaan maltillisessa rekassa kohti ihanan tylsää asiamerta konservatiiviseen televisioon ja hillittyyn radioon.

Seuraamme studiorakennuksen sketsiä. Siinä lentokoneohjaamo on pieni huone studiossa. Näyttelijöiden ihana vapaus, kaikki tietävät paikkansa. Studiorakennus on laaja. Siinä on monta huonetta.

Brittiläisyys pitää säilyttää. Jokin rauhallinen kotoisuus. Posti joka on posti. Apteekki joka on apteekki.

Konservatiivisuus tekee persoonasta kiinnostavamman.

Liika uudistusmielisyys on aivottomuutta.

V

Yo-talo

Kävin siellä 2011,
kävin siellä 2011,
kävin siellä 2011,
kävin siellä 2011.

Rakennus monet kerrat siivottu,
juomat kannettu, myyty, ostettu,
ihmiset tulleet, lähteneet joka viikonloppu
vaatteet narikkaan laitettu,
live-bändit valitut, soitetut, lauletut,

Pölyhiukkaset nurkkiin tippuneet,
ihmiset jotkut kuolleet,
takit tuoleihin laitetut,
drinkit juotu, musiikit kuullut,
juorut, jutut vaihdetut, puhutut,
paikat suljetut, avatut,
tiskijukat soittaneet, yöt hämärtyneet,
krapulan kärsineet, aamulla heränneet.

Ja silti muistan vain käyneeni siellä 2011.

Kävin siellä 2011,
kävin siellä 2011,
kävin siellä 2011,
kävin siellä 2011.

(oikeasti 2013 ja 2014, muistaakseni, eli vähän myöhemmin)

Elämän ihana kiertokulku

Hollywood,
joku tiedottaja ulos bussista,
kaksi muuta jäävät bussiin,
joka on pysähtynyt,
ympärillä on paljon julkkiksia.

Cardiff,
suuren stadionin lavan takana,
oikealla, on valtava halli,
siellä pari tyyppiä siirtää
kahta isoa laatikkoa lähemmän lavaa.

Helsinki,
valtavassa hallissa,
joku kuljettaa tavaroita
kahteen eri rekkaan,
rekat kuljettavat tavarat
yöllä supermarketin varastoon.

Tampere,
mielisairaalaan lomalta palaava
laittaa taksin takakonttiin
kahdeksantoista appelsiinimehupurkkia.

Lontoo,
messukeskuksessa
jotkut vain seisovat siellä,
kuin yleisurheilukentällä,
heillä on jokin tehtävä siellä.

Ihmiset, ihania muurahaisia.

Hautausmaa

Hautausmaa on kuin kirkko,
kauan nuoruuden jälkeen.

Puutarha sen äärellä,
kauan sitten yöllä,
katselimme jääpatsaita.

Sulje silmäsi,
haluan viedä sinut talven pimeyteen.

Sulje silmäsi,
haluan viedä sinut talven pimeyteen.

Kaupunki joka ei koskaan nuku

On olemassa fyysinen Tampere ja on olemassa henkinen Tampere. Henkinen Tampere on ne mitä me olemme vuosikymmenten ajan kokeneet Tampereella.

Kaikki ne hajut, maut, tunteet, intohimot, hajuvedet, nyanssit, ilma, ajan kuluminen, lapsuus, lapsuuden loppuminen, nuoruuden alkaminen, huvipuistot, penkkarit, mielisairaalat, sairaalat, pimeät varjot sairaaloissa.

Nukkumalähiöt. Rakennustyömaat, shoppailureissut. Keskustan katujen harmaus, hiekat, pölyt, tiskiaineet, lukemattomat keittiöt, ravintoloiden paljous, grillit, pizzeriat, yökerhojen paljous, öiset kännireissut, baarien juomavalikoima, sirkukset, teatterit, museot, museoiden huoneet, ne joissa käyvät vain henkilökunta, lukemattomat rakennukset, täynnä eri huoneita, huoneita eri kerroksissa museoissa.

Ruoat ravintoloiden varastoissa.

Rock-konsertit, pop-konsertit, tietovisat, järjestömiitit, elokuvakerhot, kirpparit ja kirjakaupat, yölliset leffan katselut talvella, elokuvateatterit aamuisin, talvet, keväät, kesät, syksyt, reissut supermarketteihin, nuorisoteatterit, taksireissut, junareissut, ratikkareissut, sukupolvikokemukset, läheistemme ikääntyminen, syntymä, elämä ja kuolema.

Ja valokuvat. Synnytyssairaalasta hautausmaahan.

Sukupolvien rätinä.

Se on todellakin kaupunki joka ei koskaan nuku. The City That Never Sleeps.